ONE
1

2 2 2 2 2

2 2 2 2 2

2 2 2 2 2

2 2 2 2 2

2 2 2 2 2

2 2 2 2 2

2 2 2 2 2

2 2 2 2 2

2 2 2 2 2

2 2 2 2 2

2 2 2 2 2

2 2 2 2 2

THREE

3

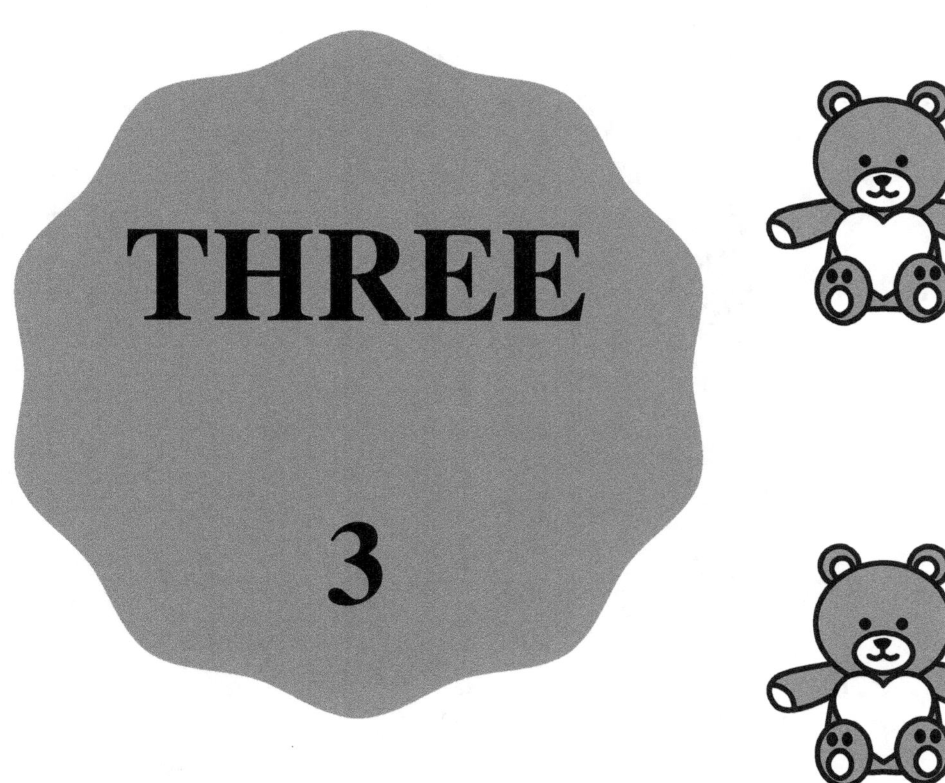

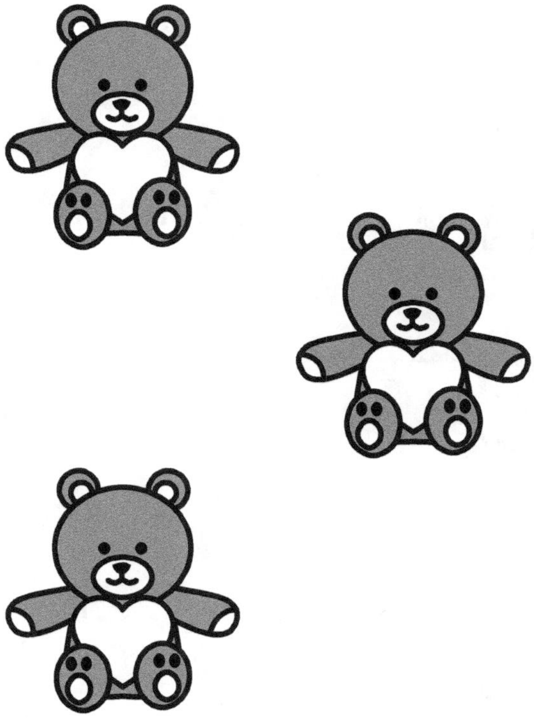

3 3 3 3 3

3 3 3 3 3

3 3 3 3 3

3 3 3 3 3

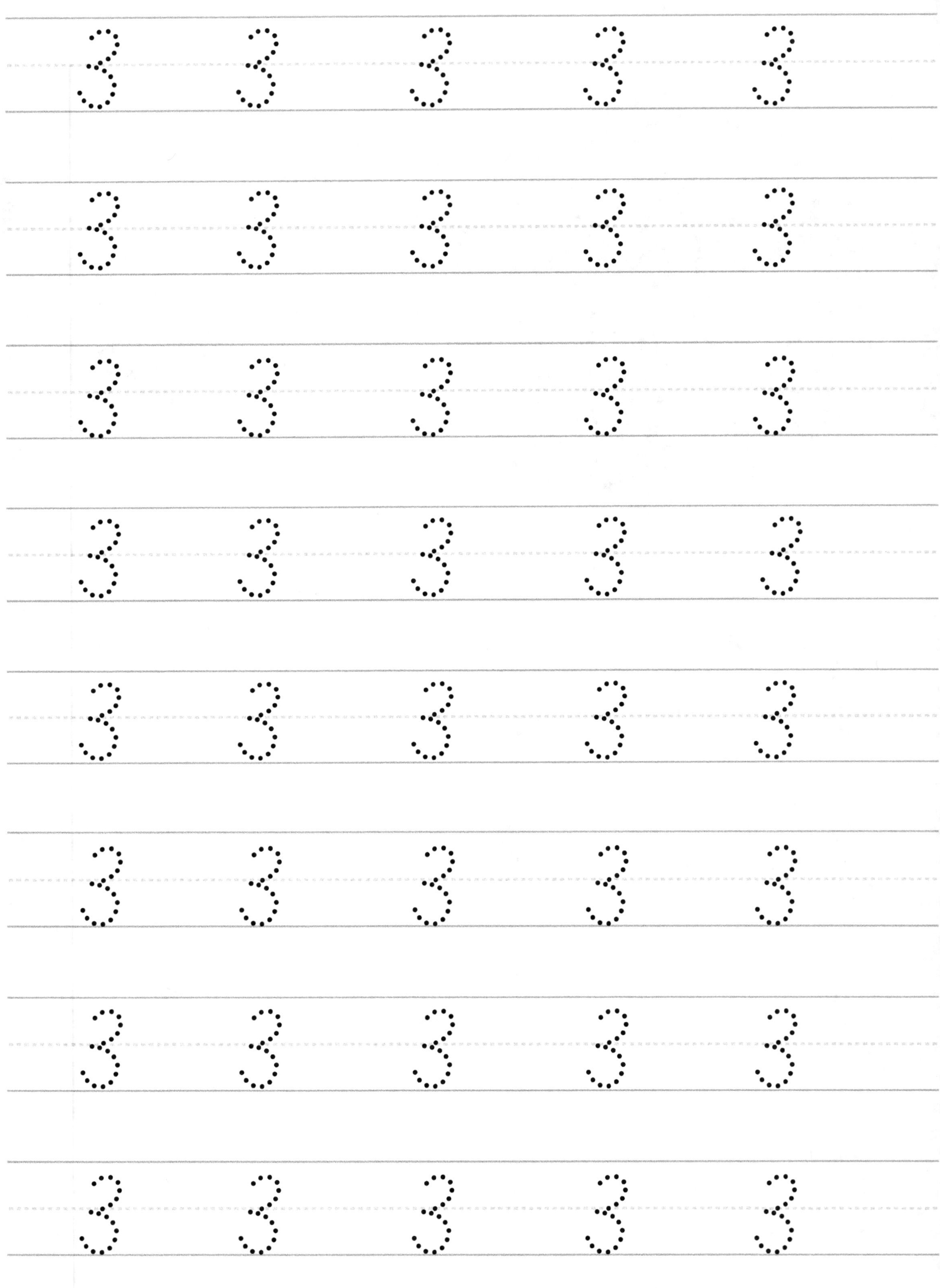

4 4 4 4 4

4 4 4 4 4

4 4 4 4 4

4 4 4 4 4

4 4 4 4 4

4 4 4 4 4

4 4 4 4 4

4 4 4 4 4

4 4 4 4 4

4 4 4 4 4

4 4 4 4 4

4 4 4 4 4

FIVE
5
5
5
5
5

5 5 5 5 5

5 5 5 5 5

5 5 5 5 5

5 5 5 5 5

5 5 5 5 5

5 5 5 5 5

5 5 5 5 5

5 5 5 5 5

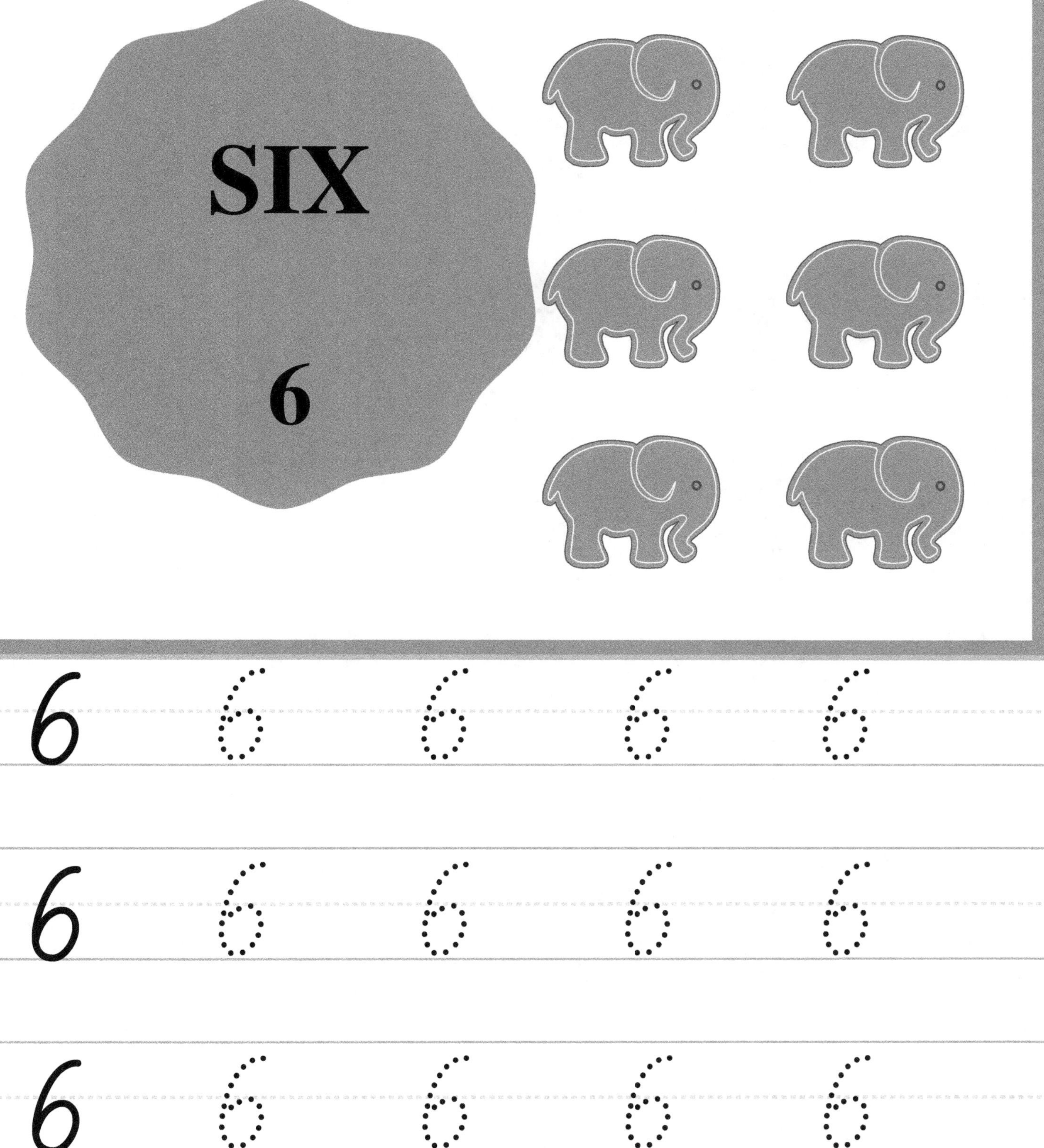

6 6 6 6 6

6 6 6 6 6

6 6 6 6 6

6 6 6 6 6

6 6 6 6 6

6 6 6 6 6

6 6 6 6 6

6 6 6 6 6

6 6 6 6 6

6 6 6 6 6

6 6 6 6 6

6 6 6 6 6

7 7 7 7 7

7 7 7 7 7

7 7 7 7 7

7 7 7 7 7

EIGHT

8

8 8 8 8 8

8 8 8 8 8

8 8 8 8 8

8 8 8 8 8

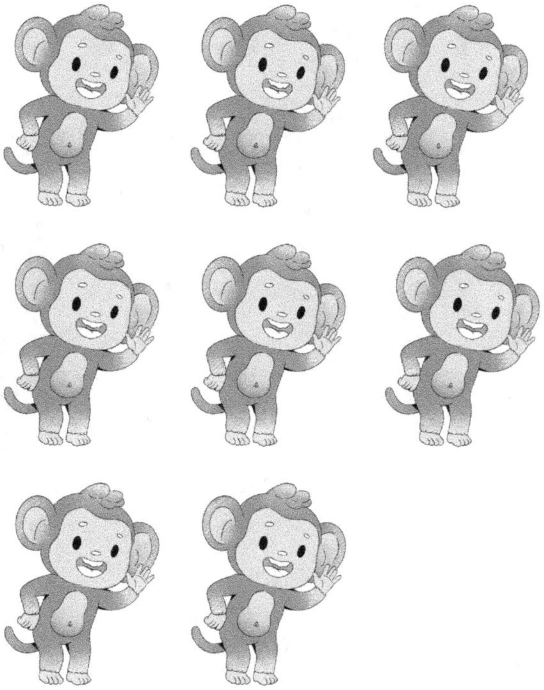

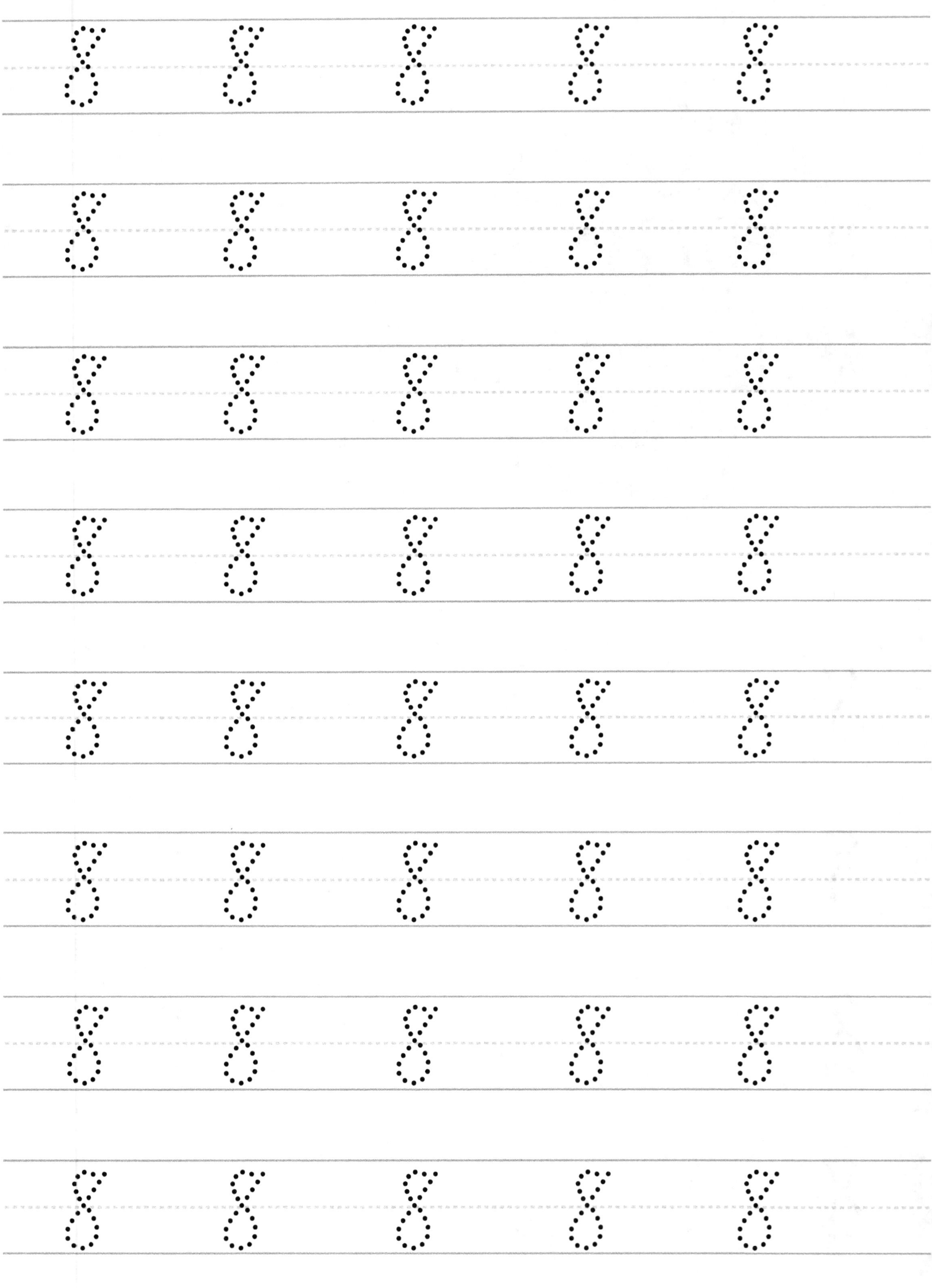

9 9 9 9 9

9 9 9 9 9

9 9 9 9 9

9 9 9 9 9

q q q q q

q q q q q

q q q q q

q q q q q

q q q q q

q q q q q

q q q q q

q q q q q

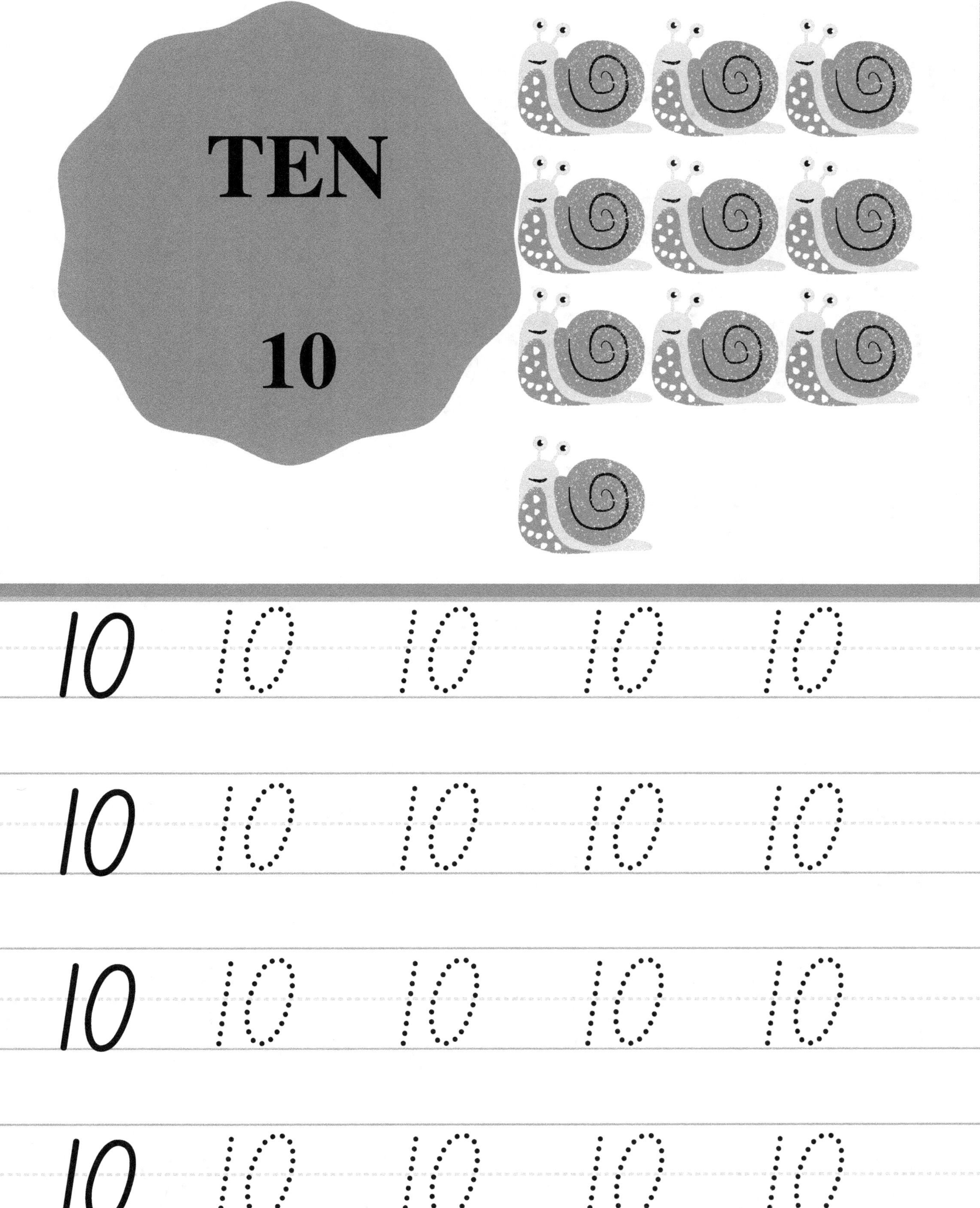
TEN
10

10 10 10 10 10

10 10 10 10 10

10 10 10 10 10

10 10 10 10 10

10 10 10 10 10

10 10 10 10 10

10 10 10 10 10

10 10 10 10 10

ELEVEN

11

11 11 11 11 11

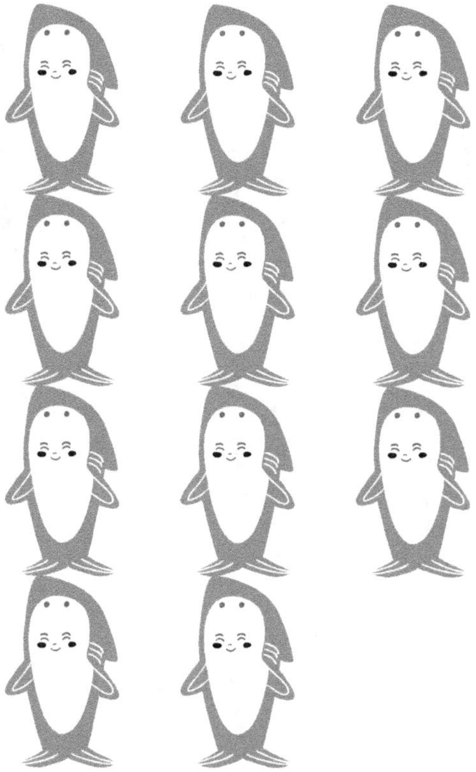

11 11 11 11 11

11 11 11 11 11

11 11 11 11 11

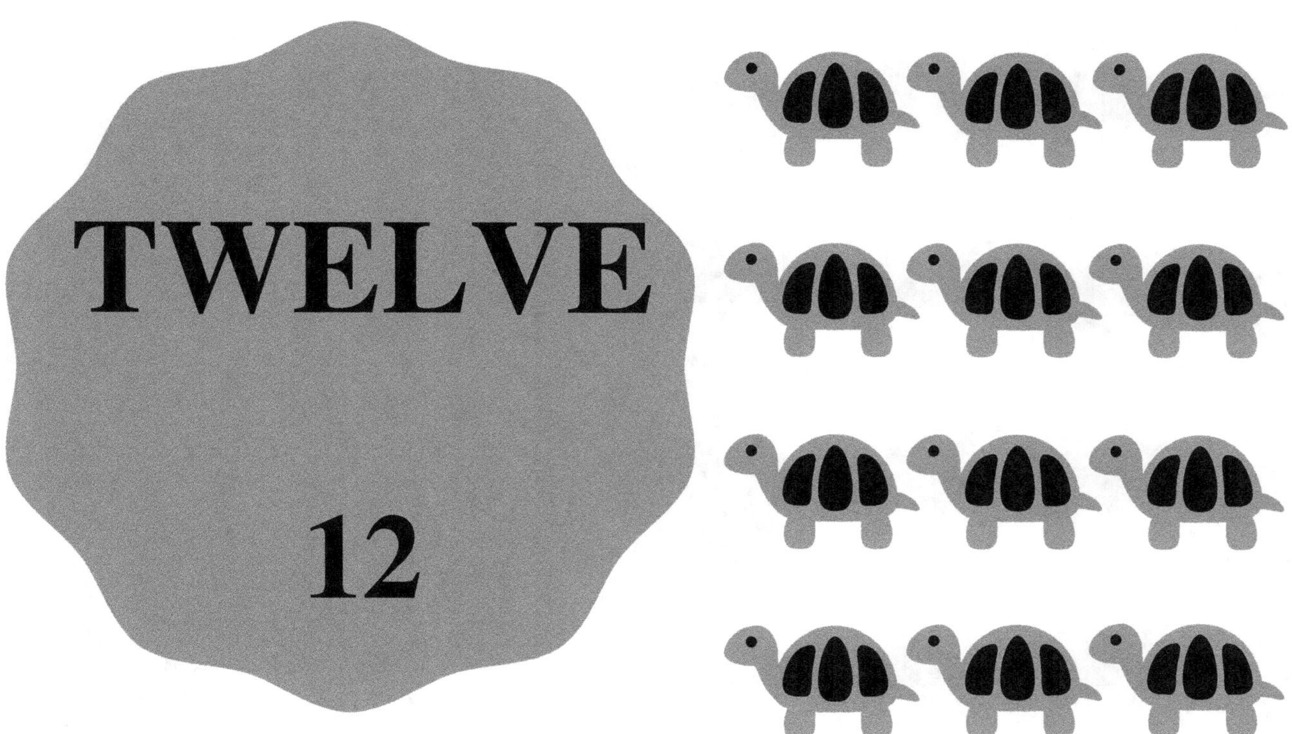

12 12 12 12 12

12 12 12 12 12

12 12 12 12 12

12 12 12 12 12

12 12 12 12 12

12 12 12 12 12

12 12 12 12 12

12 12 12 12 12

12 12 12 12 12

12 12 12 12 12

12 12 12 12 12

12 12 12 12 12

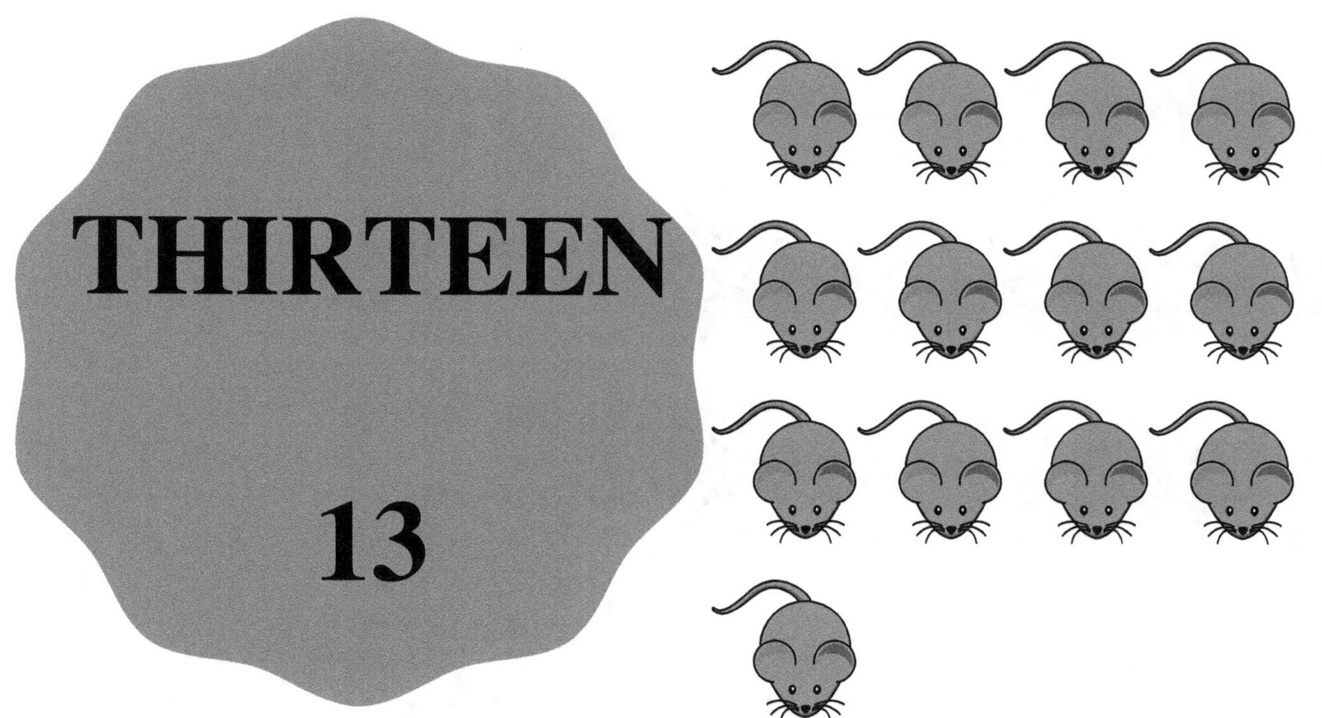

13 13 13 13 13

13 13 13 13 13

13 13 13 13 13

13 13 13 13 13

13 13 13 13 13

13 13 13 13 13

13 13 13 13 13

13 13 13 13 13

13 13 13 13 13

13 13 13 13 13

13 13 13 13 13

13 13 13 13 13

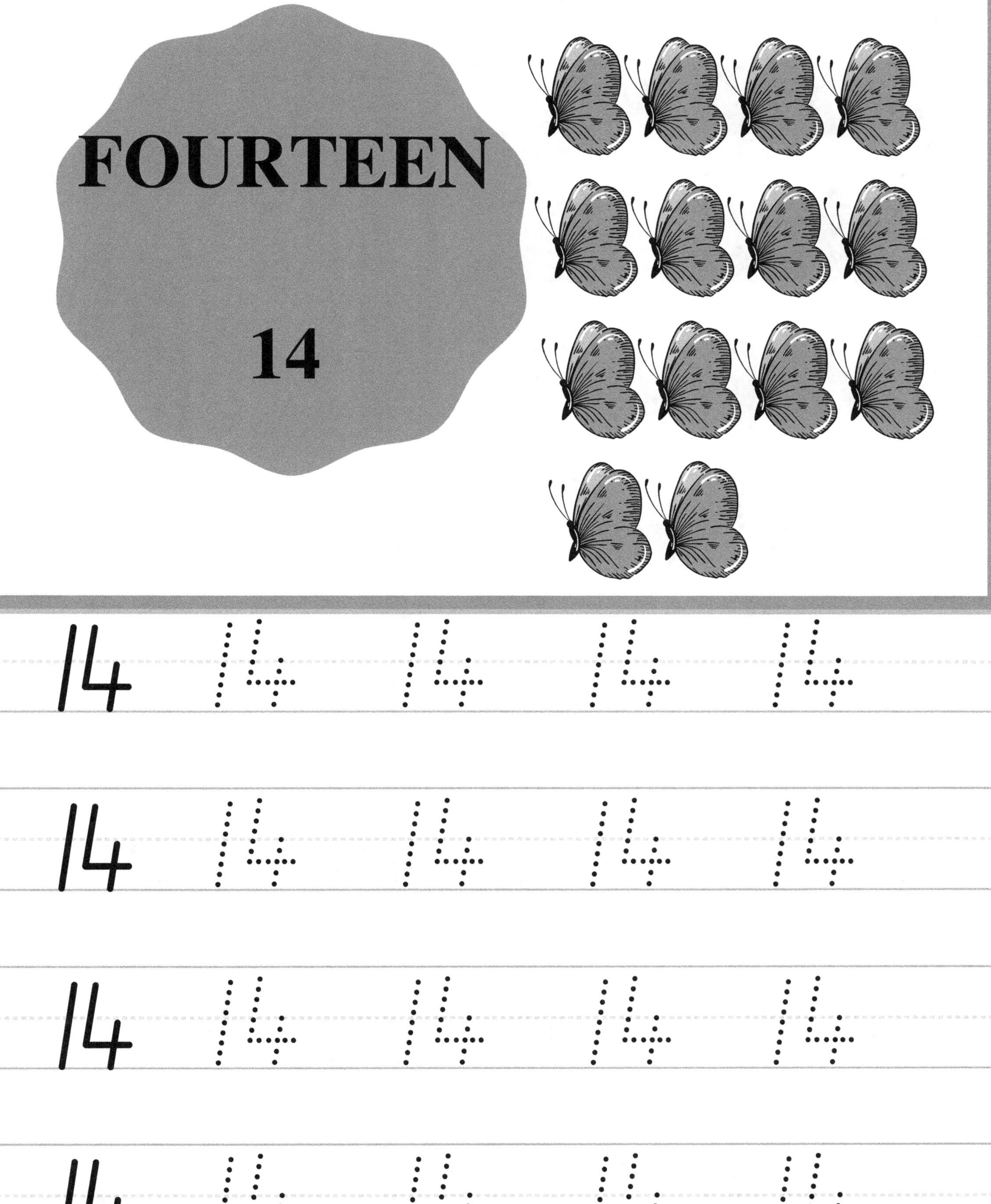
FOURTEEN
14
14
14
14
14

14 14 14 14 14

14 14 14 14 14

14 14 14 14 14

14 14 14 14 14

14 14 14 14 14

14 14 14 14 14

14 14 14 14 14

14 14 14 14 14

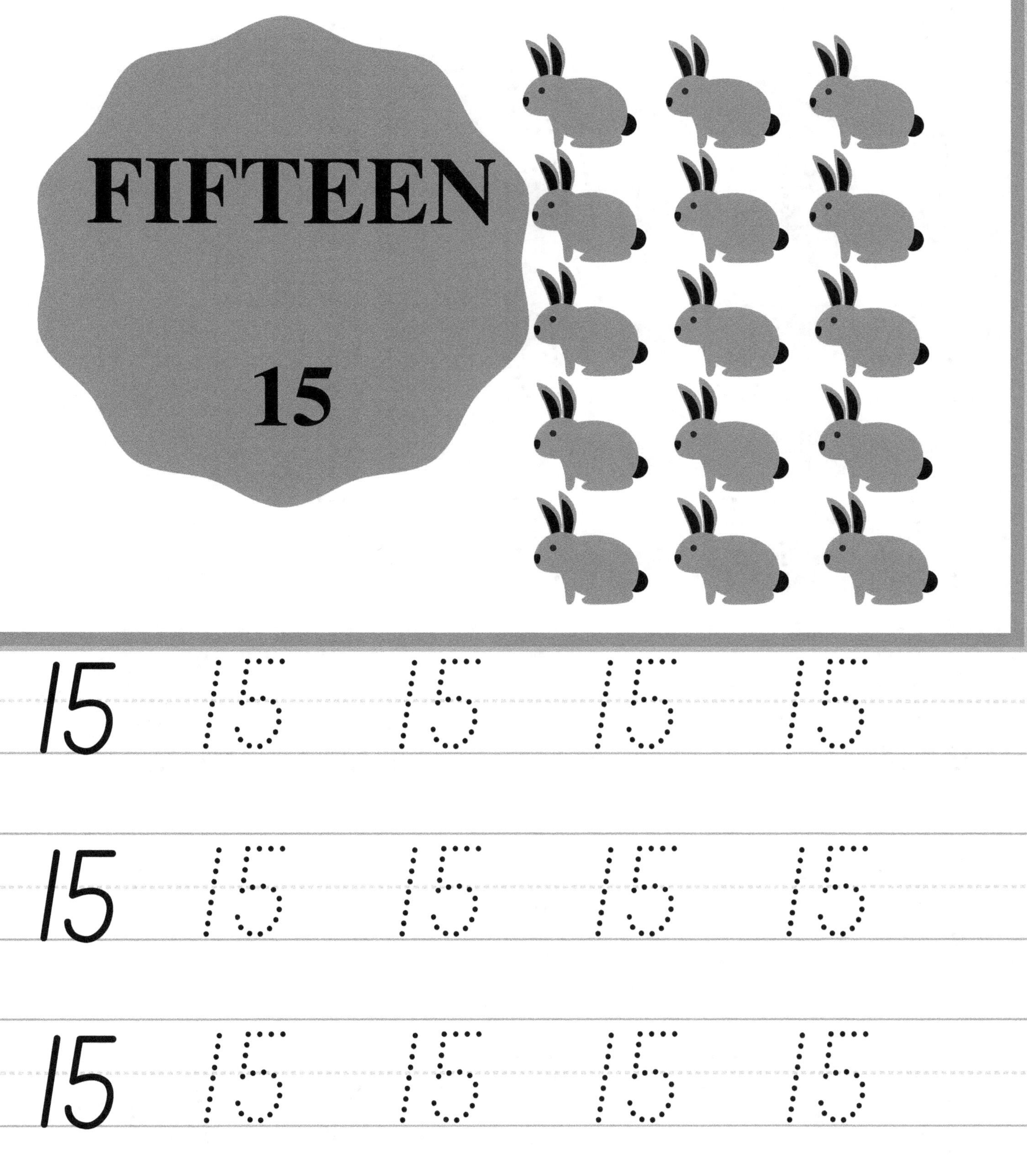

15 15 15 15 15

15 15 15 15 15

15 15 15 15 15

15 15 15 15 15

15 15 15 15 15

15 15 15 15 15

15 15 15 15 15

15 15 15 15 15

15 15 15 15 15

15 15 15 15 15

15 15 15 15 15

15 15 15 15 15

16 16 16 16 16

16 16 16 16 16

16 16 16 16 16

16 16 16 16 16

16 16 16 16 16

16 16 16 16 16

16 16 16 16 16

16 16 16 16 16

16 16 16 16 16

16 16 16 16 16

16 16 16 16 16

16 16 16 16 16

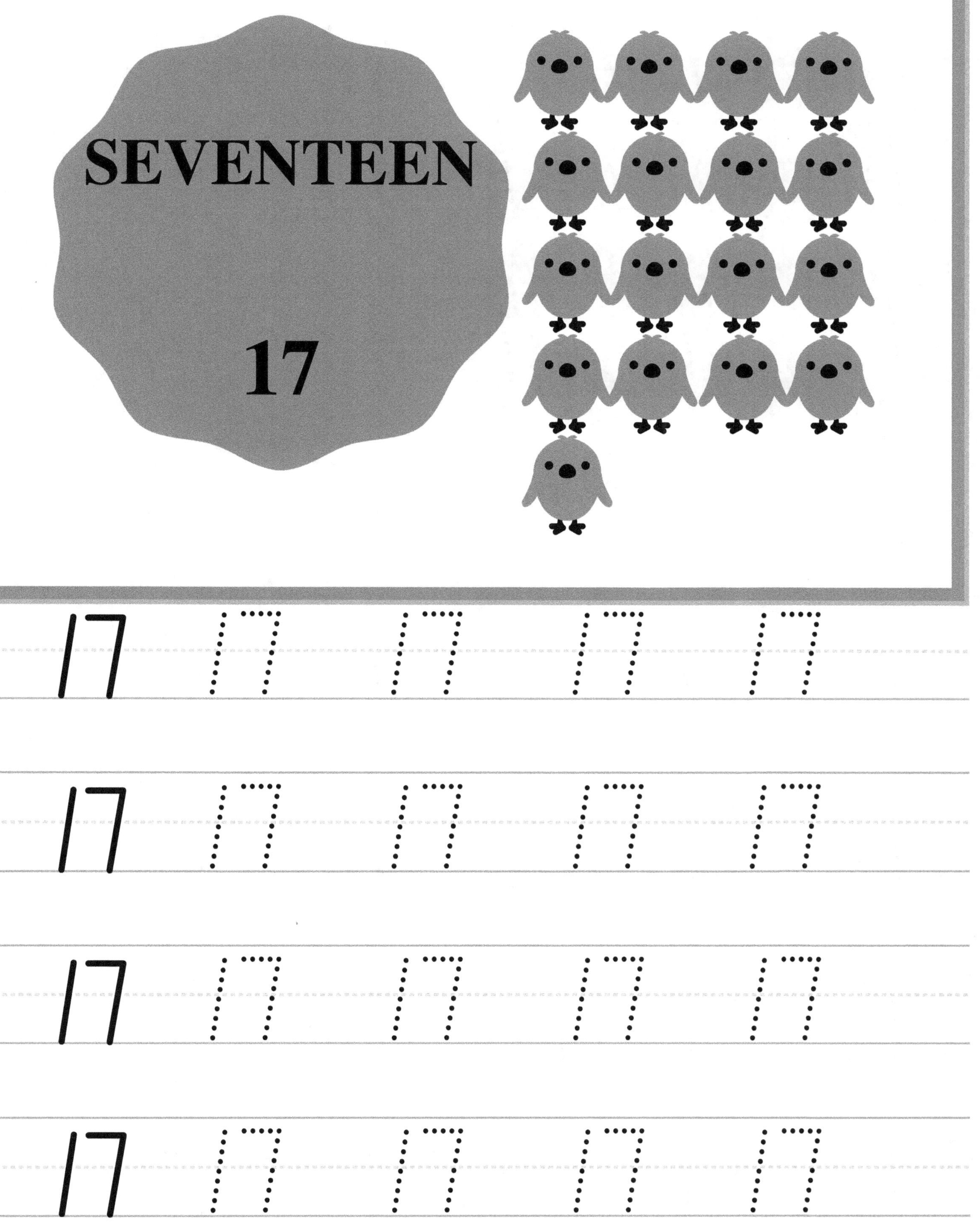
SEVENTEEN
17
17 17 17 17 17
17 17 17 17 17
17 17 17 17 17
17 17 17 17 17

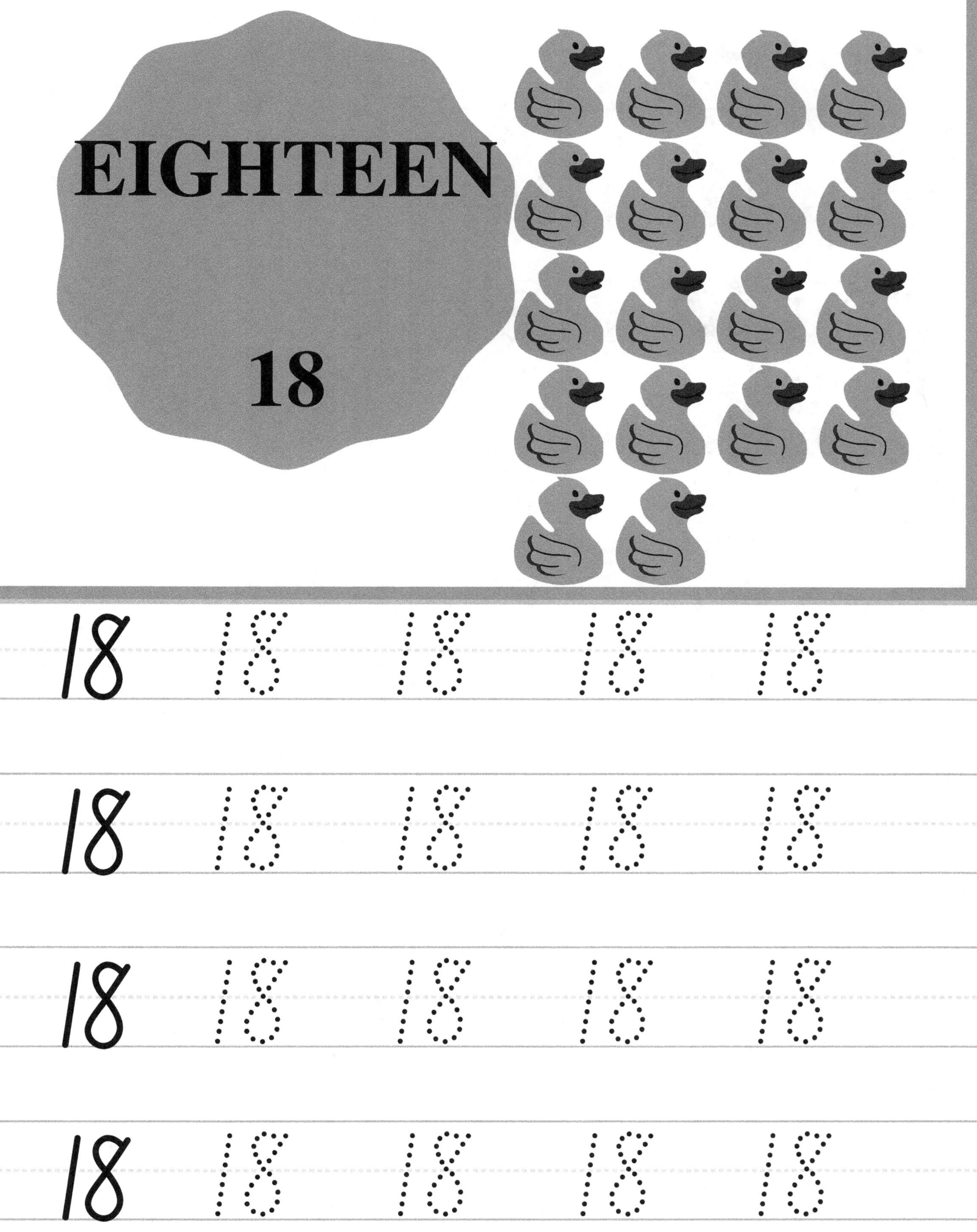

18 18 18 18 18

18 18 18 18 18

18 18 18 18 18

18 18 18 18 18

18 18 18 18 18

18 18 18 18 18

18 18 18 18 18

18 18 18 18 18

18 18 18 18 18

18 18 18 18 18

18 18 18 18 18

18 18 18 18 18

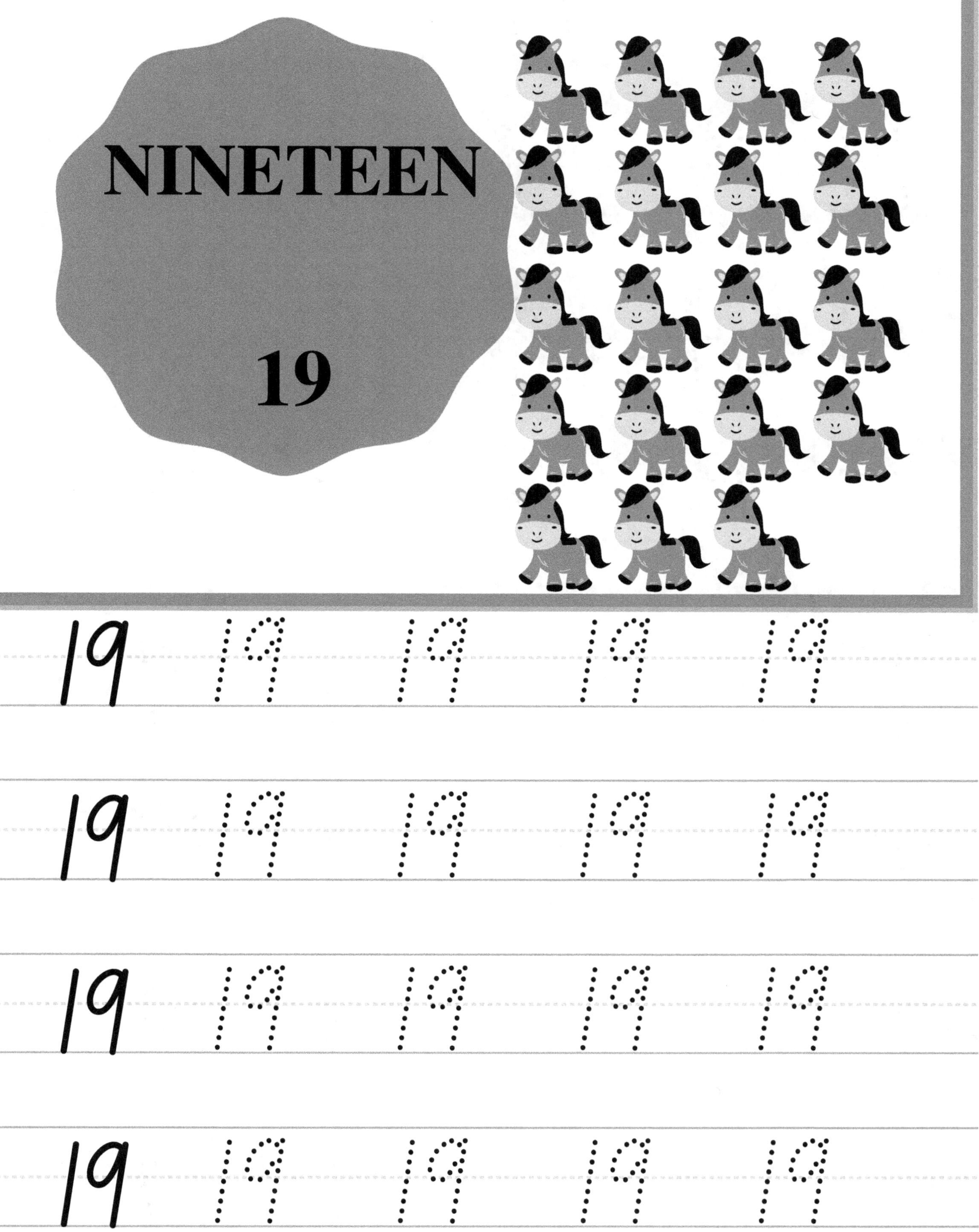
NINETEEN
19
19 19 19 19 19
19 19 19 19 19
19 19 19 19 19
19 19 19 19 19

19 19 19 19 19

19 19 19 19 19

19 19 19 19 19

19 19 19 19 19

19 19 19 19 19

19 19 19 19 19

19 19 19 19 19

19 19 19 19 19

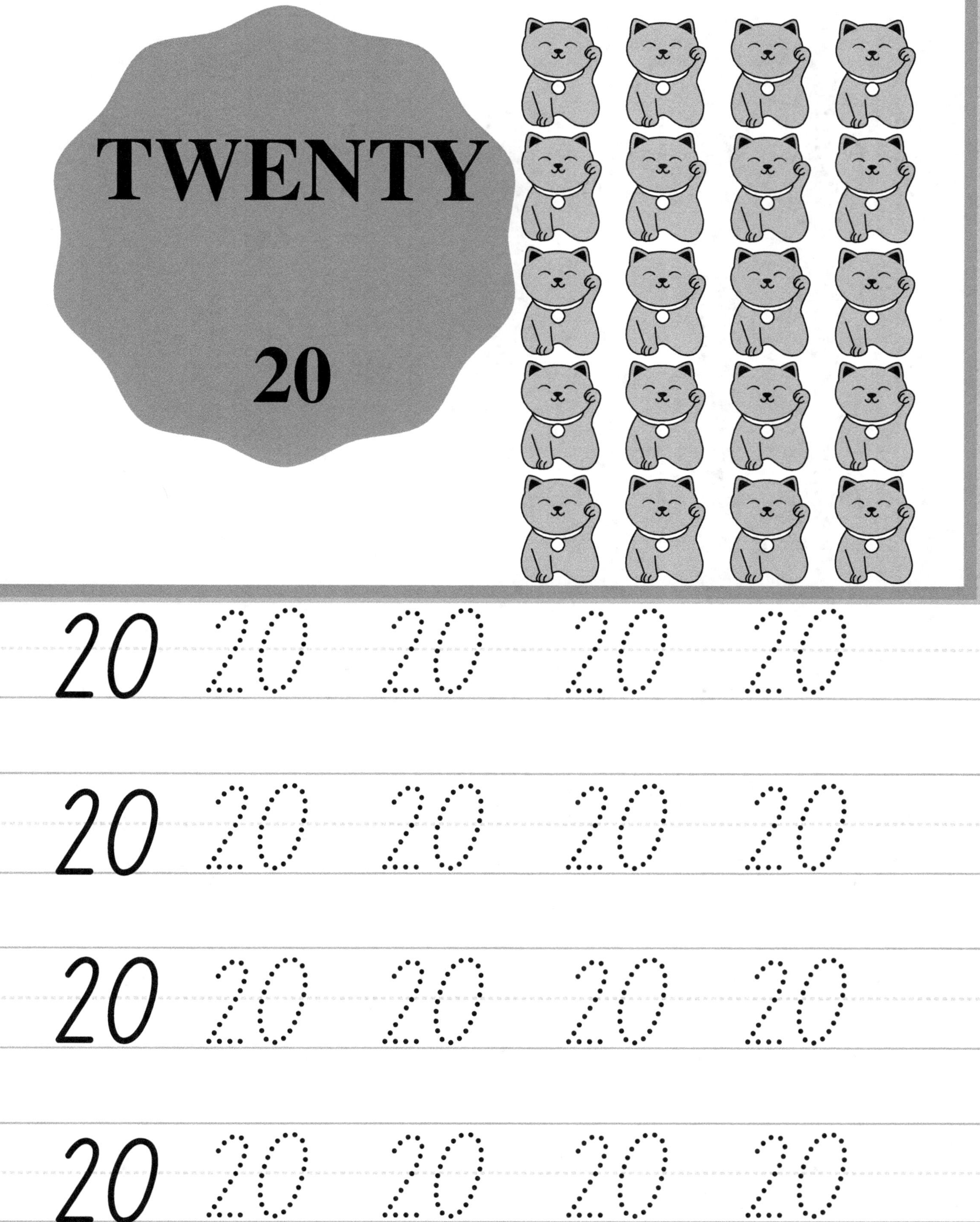
TWENTY
20
20 20 20 20 20
20 20 20 20 20
20 20 20 20 20
20 20 20 20 20

20 20 20 20 20

20 20 20 20 20

20 20 20 20 20

20 20 20 20 20

20 20 20 20 20

20 20 20 20 20

20 20 20 20 20

20 20 20 20 20

www.ingramcontent.com/pod-product-compliance
Lightning Source LLC
LaVergne TN
LVHW080558160826
845677LV00010B/1906
9798417856884